VÉRONIQUE CAUVIN

# Mini-Zauberkuchen

## 1 Teig, 3 Schichten aus der Muffinform

AUS DEM FRANZÖSISCHEN VON KAREN GERWIG
FOTOS VON MARTIN BALME • FOODSTYLING LUCIE DAUCHY

JAN THORBECKE VERLAG

# INHALT

## DAS GRUNDREZEPT, SCHRITT FÜR SCHRITT



## GESCHMACKLICHE KINDHEITSERINNERUNGEN

## TUTTI FRUTTI

## BESONDERS FESTLICH

# GRUNDREZEPT

Zauberkuchen, was ist das? Es ist ein Kuchen, der aus drei Schichten besteht. Dafür genügt ein ganz einfaches Grundrezept, einmal backen, in einer einzigen Form, und heraus kommt wie durch Magie ein köstlicher Kuchen, der aus drei Texturen besteht: eine feine Puddingschicht unten, eine weiche Cremeschicht in der Mitte und ein Biskuit obendrauf. Abrakadabra!

# DIE 7 WICHTIGSTEN WERKZEUGE

1. Eine kleine Schöpfkelle.
2. Ein Schneebesen und ein Teigschaber zum Vermischen.
3. Ein Topf, um die Milch zu erwärmen.
4. Zwei Rührschüsseln (eine große und eine mittelgroße) für die Vorbereitung des Teigs und zum Aufschlagen des Eischnees.
5. Eine elektrische Küchenwaage und Schalen für die Einwaage.
6. Eine Silikonbackform mit 12 Vertiefungen oder 12 Muffinförmchen aus Karton oder 12 Teflon-Muffinförmchen.
7. Ein Handrührgerät für den Eischnee oder die Schlagsahne.

# TIPPS FÜRS GELINGEN

## Die Zutaten

- Die Milch sollte Zimmertemperatur haben, solange es im Rezept nicht anders angegeben wird oder die Milch sowieso mit anderen Zutaten (Vanille, Schokolade) erhitzt wird. Die Rezepte sind für Vollmilch ausgelegt. Man kann die Mini-Zauberkuchen auch mit Milch mit 1,5 % Fett backen, dann wird der Teig aber fester und die Kuchen gehen schwerer aus der Form. In diesem Fall sollte man sie ein bisschen länger kühlen. Wenn die verwendete Milch direkt aus dem Kühlschrank kommt, verlängert sich die Backzeit um 1–2 Minuten.

- Ideal sind für diese Rezepte mittelgroße Eier. Das Eiweiß normal steif schlagen, nicht zu fest, nicht zu wenig. Das Eiweiß mit dem Schneebesen vorsichtig unterheben, der Teig muss zur Hälfte flüssig sein und zur Hälfte aus dem Eiweiß bestehen, das wieder an die Oberfläche schwimmt. Das Eiweiß sorgt dafür, dass sich eine Biskuitschicht bildet. Das Mehl setzt sich unten in der Form ab und bildet die Puddingschicht. In der Mitte bildet sich eine Cremeschicht. Bei den Rezepten mit Schokolade ist die Cremeschicht manchmal weniger sichtbar, im Mund ist die Textur aber dennoch spürbar.

- Wer Gluten meiden möchte, kann das Weizenmehl durch eine Mehlmischung ohne Gluten ersetzen. Laktoseintolerante benutzen geklärte Butter.

## Backen

- Den Ofen auf Ober- und Unterhitze vorheizen, ideal sind 160 Grad (Stufe 5-6), gebacken wird auf der mittleren Schiene. Die Backzeit beträgt je nach Backform 25–35 Minuten: Wenn man die Mini-Zauberkuchen direkt in der Silikonform backt, rechnet man mit 25 Minuten, wenn man zusätzlich Papierförmchen benutzt, etwas länger.

- Die Verwendung von saftigen Früchten ändert die Textur leicht, der Backvorgang und das Lösen aus den Formen wird (wegen der zusätzlichen Feuchtigkeit) etwas schwieriger. Die Flüssigkeitsmengen (Rum oder Saft) sollten genau beachtet werden, sonst werden die Kuchen zu flüssig. Am besten probiert man zunächst das Grundrezept aus, um ein Gefühl für Backzeit, Ofen und Form zu bekommen. Wenn die Kuchen viel Wasser abgeben, war die Backzeit zu lang oder der Ofen zu heiß.

## Aus der Form lösen

- Die Mini-Zauberkuchen bestehen aus drei Schichten, was das Lösen aus der Form schwierig macht. Ratsam ist, sie 1 Stunde auf Zimmertemperatur abkühlen zu lassen und sie dann 1–2 Stunden in den Kühlschrank zu stellen. Zum Lösen aus der Form mit einem spitzen Messer am Rand der Form entlangfahren, dann vorsichtig von unten drücken. Die Mini-Zauberkuchen dann richtig herum oder auf dem Kopf auf einen Servierteller setzen.

# DAS GRUNDREZEPT SCHRITT FÜR SCHRITT:

# MINI-ZAUBERKUCHEN VANILLE-NEKTARINE

einfach | günstig | für draußen

FÜR 12 MINI-ZAUBERKUCHEN
VORBEREITUNG : 15 MIN
BACKZEIT : 25 MIN
RUHEZEIT : 1 STUNDE
KÜHLZEIT : 1 STUNDE
HALTBARKEIT : 2 TAGE IM KÜHLSCHRANK

1 Silikonform mit 12 Vertiefungen

### FRISCHE ZUTATEN

65 g Butter
250 ml Vollmilch
2 mittelgroße Eier

### BELAG

1 nicht zu reife Nektarine

### AUS DEM VORRATSSCHRANK

1 Vanilleschote
70 g Zucker
53 g Mehl

## 1 VORBEREITUNGEN

Den Ofen auf 160 Grad vorheizen. Die Vanilleschote einschneiden und mit der Messerspitze das Mark herauskratzen. Die Butter schmelzen und beiseitestellen. Die Milch erwärmen und das Vanillemark und die Schote ein paar Minuten darin ziehen lassen, dann die Schote herausnehmen. Eiweiß und Eigelb in zwei Schüsseln trennen, das Eigelb in die große, das Eiweiß in die kleine.

## 2 DER TEIG

Das Eigelb mit dem Zucker schaumig schlagen. Die geschmolzene Butter zugeben, dann das Mehl in zwei Portionen, anschließend die lauwarme Milch unterrühren. Das Eiweiß schlagen und unter die Mischung heben. Die Mischung wird flüssig und das Eiweiß schwimmt oben, das ist normal. Den Teig mit der Schöpfkelle in die Formen füllen. Dabei darauf achten, dass sich in jeder Form sowohl Flüssigkeit als auch Eischnee befinden.

## 3 BACKEN

25 Minuten backen. Die Oberfläche der Kuchen soll leicht goldbraun sein. Aus dem Ofen nehmen, 1 Stunde bei Zimmertemperatur abkühlen lassen, dann noch 1 Stunde in den Kühlschrank stellen.

## 4 ANRICHTEN

Die Kuchen vorsichtig von unten aus den Formen drücken. 12 feine Scheiben von der Nektarine schneiden und jeden Kuchen mit einer Scheibe dekorieren.

# MINI-ZAUBERKUCHEN MIT KARAMELLBONBONS

einfach · günstig · für Kinder

FÜR 12 MINI-ZAUBERKUCHEN
VORBEREITUNG: 20 MIN
BACKZEIT: 25 MIN
RUHEZEIT: 1 STUNDE
KÜHLZEIT: 1 STUNDE
HALTBARKEIT: 2 TAGE IM KÜHLSCHRANK

1 Silikonform mit 12 Vertiefungen

### FRISCHE ZUTATEN

65 g Butter
2 mittelgroße Eier
250 ml Vollmilch

### AUS DEM VORRATSSCHRANK

12 Karamellbonbons + 3 für die Dekoration (Carambar, ersatzweise z. B. Storck "Riesen" Karamell)
60 g Zucker
53 g Mehl

1 **VORBEREITUNGEN**
Den Ofen auf 160 Grad vorheizen. Die Butter schmelzen und beiseitestellen. Eiweiß und Eigelb trennen.

2 **DER TEIG**
Die Karamellbonbons bei niedriger Hitze in der Milch auflösen und gut verrühren. Das Eigelb mit dem Zucker schaumig schlagen. Die geschmolzene Butter zugeben, dann das Mehl in zwei Portionen, anschließend die Karamell-Milch unterrühren. Das Eiweiß schlagen und unter die Mischung heben. Der Teig soll flüssig sein und das Eiweiß oben schwimmen. Den Teig mit der Schöpfkelle in die Formen füllen. Dabei darauf achten, dass sich in jeder Form sowohl Flüssigkeit als auch Eischnee befinden.

3 **BACKEN**
25 Minuten backen. Aus dem Ofen nehmen, 1 Stunde bei Zimmertemperatur abkühlen lassen, dann noch 1 Stunde in den Kühlschrank stellen.

4 **ANRICHTEN**
Die Kuchen vorsichtig von unten aus den Formen drücken. Die restlichen 3 Karamellbonbons in kleine Stücke schneiden und die Mini-Zauberkuchen damit belegen.

# MINI-ZAUBERKUCHEN FÜR SCHOKOSÜCHTIGE

einfach — günstig — für Kinder

FÜR 12 MINI-ZAUBERKUCHEN
VORBEREITUNG: 10 MIN
BACKZEIT: 25 MIN
RUHEZEIT: 1 STUNDE
KÜHLZEIT: 1 STUNDE
HALTBARKEIT: 2 TAGE IM KÜHLSCHRANK

1 Silikonform mit 12 Vertiefungen

### FRISCHE ZUTATEN

65 g Butter
250 ml Vollmilch
2 mittelgroße Eier
150 g Schlagsahne

### AUS DEM VORRATSSCHRANK

70 g Zucker
50 g Kakaopulver
53 g Mehl
150 g gehackte Schokolade (70%)
40 g Schokotropfen

## 1 VORBEREITUNGEN

Den Ofen auf 160 Grad vorheizen. Die Butter schmelzen und beiseitestellen. Die Milch bei schwacher Hitze erwärmen. Eiweiß und Eigelb trennen.

## 2 DER TEIG

Das Eigelb mit dem Zucker schaumig schlagen. Die geschmolzene Butter zugeben, dann den Kakao, das Mehl in zwei Portionen und danach die Milch unterrühren. Das Eiweiß schlagen und unter die Mischung heben. Der Teig soll flüssig sein und das Eiweiß oben schwimmen. Den Teig mit der Schöpfkelle in die Formen füllen. Dabei darauf achten, dass sich in jeder Form sowohl Flüssigkeit als auch Eischnee befinden.

## 3 BACKEN

25 Minuten backen. Die Oberfläche soll leicht goldbraun sein. Aus dem Ofen nehmen, 1 Stunde bei Zimmertemperatur abkühlen lassen, dann noch 1 Stunde in den Kühlschrank stellen.

## 4 ANRICHTEN

Die Ganache vorbereiten: die Schlagsahne aufkochen und die gehackte Schokolade darin schmelzen. Die Mischung in einen Spritzbeutel mit geriffelter Tülle füllen. Die Kuchen mit der Mischung und den Schokotropfen garnieren, solange die Ganache noch weich und glänzend ist.

# MINI-ZAUBERKUCHEN MIT GANZ VIEL NOUGAT

einfach · günstig · für Kinder

FÜR 12 MINI-ZAUBERKUCHEN

VORBEREITUNG: 10 MIN

BACKZEIT: 25 MIN

RUHEZEIT: 1 STUNDE

KÜHLZEIT: 2 STUNDEN

HALTBARKEIT: 3 TAGE IM KÜHLSCHRANK

1 Silikonform mit 12 Vertiefungen

### FRISCHE ZUTATEN

65 g + 100 g Butter

250 ml Vollmilch

2 mittelgroße Eier + 1 Eiweiß (40 g) für die Buttercreme

### AUS DEM VORRATSSCHRANK

150 g + 100 g dunkler Nougat

60 g Zucker

15 g gemahlene Haselnüsse

53 g Mehl

40 g Puderzucker

15 g Krokant

## 1 VORBEREITUNGEN

Den Ofen auf 160 Grad vorheizen. Den Nougat hacken. Die 65 Gramm Butter schmelzen und beiseitestellen.

## 2 DER TEIG

Die 150 Gramm Nougat bei niedriger Hitze in der Milch auflösen. Eiweiß und Eigelb trennen. Das Eigelb mit dem Zucker schaumig schlagen. Die geschmolzene Butter dazugeben, dann die gemahlenen Haselnüsse, das Mehl in zwei Portionen und danach die Milch unterrühren. Die zwei Eiweiß schlagen und unter die Mischung heben. Der Teig soll flüssig sein und das Eiweiß oben schwimmen. Den Teig mit der Schöpfkelle in die Formen füllen. Dabei darauf achten, dass sich in jeder Form sowohl Flüssigkeit als auch Eischnee befinden.

## 3 BACKEN

25 Minuten backen. Die Oberfläche soll leicht goldbraun sein. Aus dem Ofen nehmen, 1 Stunde bei Zimmertemperatur abkühlen lassen, dann noch mindestens 2 Stunden in den Kühlschrank stellen.

## 4 ANRICHTEN

Die Buttercreme vorbereiten: das restliche Eiweiß steif schlagen, die Hälfte des Puderzuckers zugeben und weiterschlagen. Wenn sich das Volumen des Eiweiß verdoppelt hat, den Rest des Zuckers zugeben und weiterschlagen, bis der Eischnee Spitzen bildet. Über dem Wasserbad die 100 Gramm Nougat schmelzen und anschließend beiseitestellen. In einer Rührschüssel die 100 Gramm Butter weichrühren, nach und nach den Eischnee unterheben. Die Masse so lange schlagen, bis eine glatte Buttercreme entsteht. Eventuell entstehende Flüssigkeit abgießen. Den geschmolzenen Nougat zugeben. Die Mini-Zauberkuchen mit Hilfe einer Spritztülle mit der Creme verzieren und mit dem Krokant bestreuen.

# MINI-ZAUBERKUCHEN MOKKA

einfach | günstig | für große Runden

FÜR 12 MINI-ZAUBERKUCHEN
VORBEREITUNG: 10 MIN
BACKZEIT: 25 MIN
RUHEZEIT: 1 STUNDE
HALTBARKEIT: 2 TAGE IM KÜHLSCHRANK

1 Silikonform mit 12 Vertiefungen

### FRISCHE ZUTATEN

65 g Butter
2 mittelgroße Eier
250 ml Vollmilch (Zimmertemperatur)

### AUS DEM VORRATSSCHRANK

70 g Zucker
15 g Kakaopulver
2 TL Kaffeesirup
53 g Mehl
12 Kaffeebohnen

## 1 VORBEREITUNGEN

Den Ofen auf 160 Grad vorheizen. Die Butter schmelzen und beiseitestellen. Eiweiß und Eigelb trennen.

## 2 DER TEIG

Das Eigelb mit dem Zucker schaumig schlagen. Die geschmolzene Butter zugeben, dann das Kakaopulver, den Kaffeesirup, das Mehl in zwei Portionen und danach die Milch unterrühren. Das Eiweiß schlagen und unter die Mischung heben. Der Teig soll flüssig sein und das Eiweiß oben schwimmen. Den Teig mit der Schöpfkelle in die Formen füllen. Dabei darauf achten, dass sich in jeder Form sowohl Flüssigkeit als auch Eischnee befinden.

## 3 BACKEN

25 Minuten backen. Die Oberfläche soll leicht goldbraun sein. Aus dem Ofen nehmen, 1 Stunde bei Zimmertemperatur abkühlen lassen.

## 4 ANRICHTEN

Die Kuchen vorsichtig aus den Formen lösen, jeweils mit einer Kaffeebohne garnieren und mit Espresso Macchiato servieren.

TIPP:
Als Ersatz für den Kaffeesirup 2 Teelöffel löslichen Kaffee mit 1 Esslöffel Wasser verrühren.

# MINI-ZAUBERKUCHEN "ROCHER"

einfach | günstig | für Kinder

FÜR 12 MINI-ZAUBERKUCHEN
VORBEREITUNG: 20 MIN
BACKZEIT: 25 MIN
RUHEZEIT: 1 STUNDE
KÜHLZEIT: 2 STUNDEN
HALTBARKEIT: 2 TAGE IM KÜHLSCHRANK

1 Silikonform mit 12 Vertiefungen

### FRISCHE ZUTATEN

65 g Butter
125 ml Vollmilch
125 ml Sahne
2 mittelgroße Eier

### AUS DEM VORRATSSCHRANK

3 "Rocher"-Pralinen
60 g Zucker
53 g Mehl
300 g gehackte Schokolade
50 g gemahlene Mandeln

## 1 VORBEREITUNGEN

Den Ofen auf 160 Grad vorheizen. Die Pralinen in Stücke schneiden. Die Butter schmelzen und beiseitestellen.

## 2 DER TEIG

Die Pralinen bei niedriger Hitze in der Milch und der Sahne auflösen. Eiweiß und Eigelb trennen. Das Eigelb mit dem Zucker schaumig schlagen. Die geschmolzene Butter zugeben, dann das Mehl in zwei Portionen und danach die Milchmischung unterrühren. Das Eiweiß schlagen und unter heben. Der Teig soll flüssig sein und das Eiweiß oben schwimmen. Den Teig mit der Schöpfkelle in die Formen füllen. Dabei darauf achten, dass sich in jeder Form sowohl Flüssigkeit als auch Eischnee befinden.

## 3 BACKEN

25 Minuten backen. Aus dem Ofen nehmen, 1 Stunde bei Zimmertemperatur abkühlen lassen, dann 2 Stunden in den Kühlschrank stellen.

## 4 ANRICHTEN

Die Kuchen vorsichtig aus den Formen lösen und auf ein Kuchengitter setzen, unter das Gitter einen Bogen Backpapier legen. Die gehackte Schokolade bei sehr niedriger Hitze schmelzen, sie soll flüssig und glänzend sein. Die gemahlenen Mandeln zugeben. Die Kuchen mit der Mischung überziehen, für die Seiten einen Löffel zu Hilfe nehmen. Anschließend abkühlen lassen, bis die Schokolade vollständig ausgehärtet ist. Bei diesem Rezept bestehen die Mini-Zauberkuchen aus 2 Schichten und die Mischung aus Sahne und Milch ergibt einen festeren Teig.

### FÜR LIEBHABER VON BITTERSCHOKOLADE

Wer lieber Bitterschokolade mag, kann Rochers Rondnoir nehmen und 10 Gramm Zucker zusätzlich hinzufügen, alles andere bleibt gleich. Diese bitteren Rochers gibt es allerdings in Deutschland nur bei Sonderaktionen oder über das Internet aus dem Ausland.

# MINI-ZAUBERKUCHEN NACH TANTE AGATHE

einfach | günstig | für Allergiker geeignet

FÜR 12 MINI-ZAUBERKUCHEN
VORBEREITUNG: 10 MIN
BACKZEIT: 35 MIN
HALTBARKEIT: 2 TAGE IM KÜHLSCHRANK

12 Muffinformen

**FRISCHE ZUTATEN**

65 g Butter
2 mittelgroße Eier
250 ml Mandelmilch (Zimmertemperatur)

**BELAG**

240 g Birnen, entspricht ungefähr 2 festen, nicht zu reifen Birnen (ca. 20 g Birne pro Muffinform)

**AUS DEM VORRATSSCHRANK**

20 g Mandelblättchen
70 g Zucker
10 g Puderzucker

**BIO-PRODUKT**

55 g Mehlmischung ohne Gluten

**1 VORBEREITUNGEN**

Den Ofen auf 160 Grad vorheizen. Die Birnen schälen, vom Kerngehäuse befreien und in kleine Würfel schneiden. Die Butter schmelzen. Die Mandelblättchen in einer kleinen Pfanne goldbraun rösten.

**2 DER TEIG**

Die Birnenwürfel auf die Muffinformen verteilen. Eiweiß und Eigelb trennen. Das Eigelb mit dem Zucker schaumig schlagen. Die geschmolzene Butter zugeben, dann das Mehl und danach die Mandelmilch unterrühren. Das Eiweiß schlagen und unter die Mischung heben. Der Teig soll flüssig sein und das Eiweiß oben schwimmen. Den Teig mit der Schöpfkelle in die Formen füllen. Dabei darauf achten, dass sich in jeder Form sowohl Flüssigkeit als auch Eischnee befinden.

**3 BACKEN**

35 Minuten backen. Die Kuchen sollen leicht goldbraun sein.

**4 ANRICHTEN**

Kurz vor dem Servieren mit Mandelblättchen bestreuen und mit Puderzucker bestäuben. Die Kuchen sofort, noch warm servieren (oder im Kühlschrank aufbewahren).

Tipp: die Kuchen warm mit Birnensorbet servieren!

**PRAXISTIPP:**
Außerhalb der Birnensaison statt frischen Birnen solche aus dem Glas verwenden, diese aber sehr gut trockentupfen.

# MINI-ZAUBERKUCHEN MIT KANDIERTEN FRÜCHTEN

einfach | günstig | typisch französisch

FÜR 12 MINI-ZAUBERKUCHEN
VORBEREITUNG: 15 MIN
BACKZEIT: 25 MIN
RUHEZEIT: 1 STUNDE
KÜHLZEIT: 2 STUNDEN
HALTBARKEIT: 2 TAGE IM KÜHLSCHRANK

1 Silikonform mit 12 Vertiefungen

### FRISCHE ZUTATEN

65 g Butter

2 mittelgroße Eier

250 ml Vollmilch (Zimmertemperatur)

### AUS DEM VORRATSSCHRANK

100 g gemischte kandierte Früchte in Würfeln

70 g Zucker

53 g Mehl

## 1 VORBEREITUNGEN

Den Ofen auf 160 Grad vorheizen. Die Butter schmelzen und beiseitestellen. Die kandierten Früchte in die Formen verteilen. Eiweiß und Eigelb trennen.

## 2 DER TEIG

Das Eigelb mit dem Zucker schaumig schlagen. Die geschmolzene Butter zugeben, dann das Mehl in zwei Portionen und danach die Milch unterrühren. Das Eiweiß schlagen und unter die Mischung heben. Der Teig soll flüssig sein und das Eiweiß oben schwimmen. Den Teig mit der Schöpfkelle in die Formen füllen. Dabei darauf achten, dass sich in jeder Form sowohl Flüssigkeit als auch Eischnee befinden.

## 3 BACKEN

25 Minuten backen. Aus dem Ofen nehmen, 1 Stunde bei Zimmertemperatur abkühlen lassen, dann noch 2 Stunden in den Kühlschrank stellen. Vorsichtig aus den Formen lösen und servieren.

### TIPP:

Statt eine Fertigmischung zu verwenden, eine eigene Auswahl kandierter Früchte in Würfel schneiden.

# MINI-ZAUBERKUCHEN "BIRTHDAY PARTY"

einfach — günstig — für Kinder

FÜR 12 MINI-ZAUBERKUCHEN

VORBEREITUNG: 20 MIN

BACKZEIT: 25 MIN

RUHEZEIT: 1 STUNDE

KÜHLZEIT: 2 STUNDEN

HALTBARKEIT: 2 TAGE
IM KÜHLSCHRANK

1 Silikonform mit
12 Vertiefungen

## FRISCHE ZUTATEN

65 g Butter

250 ml Vollmilch

2 mittelgroße Eier

## AUS DEM VORRATSSCHRANK

1 Vanilleschote

100 g gehackte Schokolade

70 g Zucker

53 g Mehl

150 g gemahlene Mandeln

20 g Kakaopulver + 10 g für die Arbeitsplatte

## 1 VORBEREITUNGEN

Den Ofen auf 160 Grad vorheizen. Die Vanilleschote der Länge nach aufschneiden und mit der Messerspitze das Mark herauskratzen. Die gehackte Schokolade in die Formen verteilen. Die Butter schmelzen und abkühlen lassen.

## 2 DER TEIG

Die Milch in einem Topf erwärmen, das Vanillemark und die Vanilleschote einige Minuten ziehen lassen. Die Vanilleschote herausnehmen. Eiweiß und Eigelb trennen. Das Eigelb mit dem Zucker schaumig schlagen. Die geschmolzene Butter zugeben, dann das Mehl in zwei Portionen. Die Vanillemilch ebenfalls in zwei Portionen zugeben und unterrühren. Das Eiweiß steif schlagen und unter die Mischung heben. Der Teig soll flüssig sein und das Eiweiß oben schwimmen. Den Teig mit der Schöpfkelle in die Formen füllen. Dabei darauf achten, dass sich in jeder Form sowohl Flüssigkeit als auch Eischnee befinden.

## 3 BACKEN

25 Minuten backen. Die Oberfläche soll goldbraun und das Innere noch leicht wacklig sein. 1 Stunde bei Zimmertemperatur abkühlen lassen, dann noch 2 Stunden in den Kühlschrank stellen.

## 4 ANRICHTEN

Herstellung der Marzipanmasse: die gemahlenen Mandeln mit den 20 Gramm Kakaopulver verkneten, bis eine homogene Masse entsteht. Die Arbeitsplatte mit den 10 Gramm Kakaopulver bestäuben. Den Teig mit dem Nudelholz auf 3 Millimeter Dicke ausrollen. Mit einer runden Ausstechform (oder einem Glas) Kreise vom Durchmesse der Mini-Zauberkuchen ausstechen, auf die Kuchen legen und leicht andrücken. Kerzen daraufstecken und sofort servieren.

### LUST AUF MEHR FARBE?

Statt mit Kakao kann man die Marzipanmasse auch mit Lebensmittelfarben einfärben.

# MINI-ZAUBERKUCHEN "BANOFFEE PIE"

einfach | günstig | Länderküche

FÜR 12 MINI-ZAUBERKUCHEN
VORBEREITUNG: 20 MIN
BACKZEIT: 25 MIN
RUHEZEIT: 1 STUNDE
KÜHLZEIT: 2 STUNDEN
HALTBARKEIT: 2 TAGE IM KÜHLSCHRANK

1 Silikonform mit 12 Vertiefungen

### FRISCHE ZUTATEN

65 g Butter + ein bisschen für die Form

2 mittelgroße Eier

250 ml Vollmilch

140 g Sahne

### BELAG

1 Banane

### AUS DEM VORRATSSCHRANK

4 McVitie's Digestives Kekse (ersatzweise Brandt Hobbits)

70 g Zucker

53 g Mehl

4 EL Karamell aus Salzbutter

## 1 VORBEREITUNGEN

Den Ofen auf 160 Grad vorheizen. Die Kekse zerkrümeln. Die Banane in dünne Scheiben schneiden. Die Butter schmelzen und beiseitestellen. Eiweiß und Eigelb trennen.

## 2 DER TEIG

Das Eigelb mit dem Zucker schaumig schlagen. Die geschmolzene Butter zugeben, dann das Mehl in zwei Portionen, dann die Milch unterrühren. Das Eiweiß steif schlagen und unter die Mischung heben. Der Teig soll flüssig sein und das Eiweiß oben schwimmen. In jede Form einen gehäuften Teelöffel Kekskrümel, darauf 3-4 Bananenscheiben legen und den Teig darübergeben. Dabei darauf achten, dass sich in jeder Form sowohl Flüssigkeit als auch Eischnee befinden.

## 3 BACKEN

25 Minuten backen. Die Oberfläche soll leicht goldbraun sein. Aus dem Ofen nehmen und 1 Stunde bei Zimmertemperatur abkühlen lassen, dann noch 2 Stunden in den Kühlschrank stellen.

## 4 ANRICHTEN

Die Kuchen vorsichtig aus den Formen lösen. In einer Rührschüssel die Sahne steif schlagen. 2 Esslöffel leicht erwärmtes Karamell unterheben. In einen Spritzbeutel mit glatter Tülle füllen und bis kurz vor dem Servieren im Kühlschrank aufbewahren. Die Mini-Zauberkuchen mit der Karamellsahne dekorieren. Das restliche Karamell anwärmen, damit es flüssiger wird, und über die Sahne träufeln. Mit Bananenscheiben garnieren und sofort servieren.

### SELBST MILCHKARAMELL HERSTELLEN

½ Liter Milch mit einer Prise Natron erhitzen. Wenn die Milch kocht, 125 Gramm Zucker zugeben. Ständig rühren, bis die Milch karamellfarben wird. Vom Feuer nehmen, 10 Gramm Butter zugeben und rühren, bis die Masse vollständig erkaltet ist.

# SOMMER-MINI-ZAUBERKUCHEN

einfach günstig für draußen

FÜR 12 MINI-ZAUBERKUCHEN

VORBEREITUNG: 10 MIN

BACKZEIT: 25 MIN

RUHEZEIT: 1 STUNDE

KÜHLZEIT: 2 STUNDEN

EINFRIEREN : ZWISCHEN 45 MIN UND 2 STUNDEN

HALTBARKEIT: 2 TAGE IM KÜHLSCHRANK

1 Silikonform mit 12 Vertiefungen

### FRISCHE ZUTATEN

65 g Butter

250 ml Vollmilch

2 mittelgroße Eier

### EINLAGE

500 g Erdbeeren, davon 12 zum Dekorieren

10 Blätter Basilikum

12 Heidelbeeren oder Schwarze Johannisbeeren zum Dekorieren (nach Belieben)

### AUS DEM VORRATSSCHRANK

1 Vanilleschote

70 g + 20 g Zucker

53 g Mehl

## 1 VORBEREITUNGEN

Den Ofen auf 160 Grad vorheizen. Die Vanilleschote der Länge nach aufschneiden und mit der Messerspitze das Mark herauskratzen. 125 Gramm der Erdbeeren in kleine Würfel schneiden. Auf die Formen verteilen. Die Basilikumblätter hacken. Die Butter schmelzen und beiseitestellen. Die Milch erwärmen und das Vanillemark und die Schote ein paar Minuten darin ziehen lassen, dann die Schote herausnehmen. Eiweiß und Eigelb trennen.

## 2 DER TEIG

Das Eigelb mit den 70 Gramm Zucker schaumig schlagen. Die geschmolzene Butter und den gehackten Basilikum zugeben, dann das Mehl in zwei Portionen, dann die Milch unterrühren. Das Eiweiß steif schlagen und unter die Mischung heben. Der Teig soll flüssig sein und das Eiweiß oben schwimmen. Den Teig mit der Schöpfkelle in die Formen füllen. Dabei darauf achten, dass sich in jeder Form sowohl Flüssigkeit als auch Eischnee befinden.

## 3 BACKEN

25 Minuten backen. Die Oberfläche soll leicht goldbraun sein. Aus dem Ofen nehmen und 1 Stunde bei Zimmertemperatur abkühlen lassen, dann noch für mindestens 2 Stunden in den Kühlschrank stellen.

## 4 ANRICHTEN

Für das Erdbeersorbet: im Mixer 250 Gramm der Erdbeeren mit den 20 Gramm Zucker und 100 ml Wasser pürieren. Die Mischung in eine Eiswürfelschale oder in eine Sorbetform füllen und 45 Minuten (mit der Eiswürfelschale) oder 2 Stunden (in der Sorbetform) einfrieren. Die Kuchen mit einer in Scheiben geschnittenen Erdbeere und einer Beere dekorieren. Mit einem Würfel oder einer Kugel Erdbeersorbet servieren.

### ANDERE AROMATISCHE KRÄUTER IM GARTEN?

Frische Minze, Zitronenthymian und Zitronenmelisse passen statt des Basilikums auch gut dazu.

# MINI-ZAUBERKUCHEN MIT JOHANNISBEERE, SCHLAGSAHNE, PISTAZIE

einfach — günstig — für große Runden

FÜR 12 MINI-ZAUBERKUCHEN
VORBEREITUNG: 10 MIN
BACKZEIT: 25 MIN
RUHEZEIT: 1 STUNDE
KÜHLZEIT: 2 STUNDEN
HALTBARKEIT: 3 TAGE IM KÜHLSCHRANK

1 Silikonform mit 12 Vertiefungen

### FRISCHE ZUTATEN

65 g Butter
250 ml Vollmilch
2 mittelgroße Eier
140 g Sahne

### EINLAGE

250 g Johannisbeeren, davon 12 zum Dekorieren

### AUS DEM VORRATSSCHRANK

1 Vanilleschote
40 g rohe, ungesalzene Pistazien
70 g Zucker
53 g Mehl
15 g Puderzucker

## 1 VORBEREITUNGEN

Den Ofen auf 160 Grad vorheizen. Die Vanilleschote der Länge nach aufschneiden und mit der Messerspitze das Mark herauskratzen. Die Johannisbeeren von den Stielen lesen und 12 zur Seite legen. Die Pistazien mahlen. Die Butter schmelzen und beiseitestellen. Die Milch erwärmen und das Vanillemark und die Schote ein paar Minuten darin ziehen lassen, dann die Schote herausnehmen. Eiweiß und Eigelb trennen.

## 2 DER TEIG

Das Eigelb mit dem Zucker schaumig schlagen. Die geschmolzene Butter zugeben, dann das Mehl in zwei Portionen, dann die Milch unterrühren. Das Eiweiß steif schlagen und unter die Mischung heben. Der Teig soll flüssig sein und das Eiweiß oben schwimmen. Die Johannisbeeren auf die Formen verteilen. Den Teig mit der Schöpfkelle in die Formen füllen. Dabei darauf achten, dass sich in jeder Form sowohl Flüssigkeit als auch Eischnee befinden.

## 3 BACKEN

25 Minuten backen. Die Oberfläche soll leicht goldbraun sein. Aus dem Ofen nehmen und 1 Stunde bei Zimmertemperatur abkühlen lassen, dann noch für mindestens 2 Stunden in den Kühlschrank stellen.

## 4 ANRICHTEN

Die Kuchen vorsichtig aus der Form lösen. Die Sahne mit dem Puderzucker steif schlagen. 30 Gramm der gemahlenen Pistazien zugeben. Die Pistaziensahne in einem Spritzbeutel mit geriffelter Tülle bis kurz vor dem Servieren im Kühlschrank aufbewahren. Die Mini-Zauberkuchen mit ein wenig Sahne, einer Johannisbeere und den restlichen gemahlenen Pistazien dekorieren.

### FÜR MEHR GESCHMACK UND FARBE

Die Pistazien durch Pistazienpaste aus Feinkost- oder Bioladen ersetzen.

# MINI-ZAUBERKUCHEN HIMBEERE

einfach günstig Party

FÜR 12 MINI-ZAUBERKUCHEN
VORBEREITUNG: 10 MIN
BACKZEIT: 25 MIN
RUHEZEIT: 1 STUNDE
KÜHLZEIT: 2 STUNDEN
HALTBARKEIT: 2 TAGE IM KÜHLSCHRANK

1 Silikonform mit 12 Vertiefungen

**FRISCHE ZUTATEN**

65 g Butter

2 mittelgroße Eier + 2 Eiweiß (70 g)

250 ml Vollmilch

**EINLAGE**

250 g Himbeeren

**AUS DEM VORRATSSCHRANK**

70 g Zucker

30 g Matcha-Teepulver

53 g Mehl

1 **VORBEREITUNGEN**

Den Ofen auf 160 Gramm vorheizen. 125 Gramm der Himbeeren auf die Formen verteilen. Die Butter schmelzen und beiseitestellen. Eiweiß und Eigelb trennen.

2 **DER TEIG**

Das Eigelb mit dem Zucker schaumig schlagen. Die geschmolzene Butter zugeben, dann den Matcha-Tee, anschließend das Mehl in zwei Portionen und danach die Milch unterrühren. Das ganze Eiweiß steif schlagen und unter die Mischung heben. Der Teig soll flüssig sein und das Eiweiß oben schwimmen. Den Teig mit der Schöpfkelle in die Formen füllen. Dabei darauf achten, dass sich in jeder Form sowohl Flüssigkeit als auch Eischnee befinden.

3 **BACKEN**

25 Minuten backen. Die Oberfläche soll leicht goldbraun sein. Aus dem Ofen nehmen und 1 Stunde bei Zimmertemperatur abkühlen lassen, dann 2 Stunden in den Kühlschrank stellen.

4 **ANRICHTEN**

Die Kuchen vorsichtig aus der Form lösen und mit den restlichen Himbeeren dekorieren.

**WENN GERADE KEINE HIMBEER-SAISON IST**

Auf keinen Fall gefrorene Himbeeren benutzen, sonst wird der Teig zu flüssig. Diese Mini-Zauberkuchen sind aber auch nur mit Macha-Tee und ohne Himbeeren genauso köstlich.

# HERBST-MINI-ZAUBERKUCHEN

einfach | günstig | für Allergiker geeignet

FÜR 12 MINI-ZAUBERKUCHEN
VORBEREITUNG: 15 MIN
BACKZEIT: 25 MIN
RUHEZEIT: 1 STUNDE
KÜHLZEIT: 2 STUNDEN
HALTBARKEIT: 2 TAGE IM KÜHLSCHRANK

1 Silikonform mit 12 Vertiefungen

### FRISCHE ZUTATEN

250 ml Vollmilch
65 g Butter
2 mittelgroße Eier
80 g Sahne

### BELAG

1 große Birne (120 g)

### AUS DEM VORRATSSCHRANK

90 g Bitterschokolade
70 g Zucker
53 g Kastanienmehl
80 g Maronencreme
20 g kandierte Maronenstücke (optional)

1 **VORBEREITUNGEN**
Den Ofen auf 160 Grad vorheizen. Die Schokolade in Stücke brechen, in der Milch schmelzen und anschließend beiseitestellen. Die Birne schälen, vom Kerngehäuse befreien und in kleine Würfel schneiden. Die Birnenwürfel auf die Formen verteilen. Die Butter schmelzen und abkühlen lassen. Eiweiß und Eigelb trennen.

2 **DER TEIG**
Das Eigelb mit dem Zucker schaumig schlagen. Die geschmolzene Butter zugeben, das Kastanienmehl auf zwei Mal und danach die Schokomilch unterrühren. Das Eiweiß schlagen und unter die Mischung heben. Der Teig soll flüssig sein und das Eiweiß oben schwimmen. Den Teig mit der Schöpfkelle in die Formen füllen. Dabei darauf achten, dass sich in jeder Form sowohl Flüssigkeit als auch Eischnee befinden.

3 **BACKEN**
25 Minuten backen. Aus dem Ofen nehmen und 1 Stunde bei Zimmertemperatur abkühlen lassen, dann 2 Stunden in den Kühlschrank stellen.

4 **ANRICHTEN**
Die Kuchen vorsichtig aus der Form lösen. Die Sahne schlagen und die Maronencreme unterheben. Die Mini-Zauberkuchen mit der Maronensahne und den Maronenstücken dekorieren.

### STATT KASTANIENMEHL

Wer nicht glutenintolerant ist, kann statt des Kastanienmehls auch normales Mehl verwenden.

# MINI-ZAUBERKUCHEN ZITRONE-KOKOS

einfach | günstig | Länderküche

FÜR 12 MINI-ZAUBERKUCHEN
VORBEREITUNG: 10 MIN
BACKZEIT: 25 MIN
RUHEZEIT: 1 STUNDE
KÜHLZEIT: 2 STUNDEN
HALTBARKEIT: 2 TAGE IM KÜHLSCHRANK

1 Silikonform mit 12 Vertiefungen

### FRISCHE ZUTATEN

65 g Butter
250 ml Vollmilch
2 mittelgroße Eier + 1 Eiweiß

### EINLAGE

2 Bio-Zitronen + 1 zum Dekorieren

### AUS DEM VORRATSSCHRANK

70 g Zucker
53 g Mehl
50 g Kokosraspeln

## 1 VORBEREITUNGEN

Den Ofen auf 160 Grad vorheizen. Zesten von 2 Zitronen reißen. Die Butter schmelzen und beiseitestellen. Die Milch erwärmen und die Zitronenzesten einige Minuten darin ziehen lassen. 2 Eier trennen.

## 2 DER TEIG

Das Eigelb mit dem Zucker schaumig schlagen. Die geschmolzene Butter zugeben, das Mehl auf zwei Mal und danach die Zitronenmilch unterrühren. Die 2 Eiweiße schlagen und unter die Mischung heben. Der Teig soll flüssig sein und das Eiweiß oben schwimmen. Den Teig mit der Schöpfkelle in die Formen füllen. Dabei darauf achten, dass sich in jeder Form sowohl Flüssigkeit als auch Eischnee befinden.

## 3 BACKEN

25 Minuten backen. Die Oberfläche soll goldbraun sein. Aus dem Ofen nehmen und 1 Stunde bei Zimmertemperatur abkühlen lassen, dann 2 Stunden in den Kühlschrank stellen.

## 4 ANRICHTEN

Das dritte Eiweiß zu Eischnee schlagen. Die Kuchen jeweils halb darin eintauchen und diese Hälfte dann in einem Teller mit den Kokosraspeln wälzen. Bis zum Servieren kühl aufbewahren. Mit Zitronenscheiben dekoriert servieren.

### KEINE ZEIT, UM EIWEISS ZU SCHLAGEN?

Die Zauberkuchen direkt in Kokosraspeln wälzen. Dann bleibt zwar weniger Kokos hängen, doch durch die Feuchtigkeit der Kuchen immerhin etwas. Oder man taucht die Kuchen statt in Eiweiß in Kokosmilch, bevor man sie in den Kokosraspeln wälzt.

# DOPPELT ERDBEERIGER MINI-ZAUBERKUCHEN

schwierig | mittel | Party

FÜR 12 MINI-ZAUBERKUCHEN
VORBEREITUNG: 10 MIN
BACKZEIT: 25 MIN
RUHEZEIT: 1 STUNDE
KÜHLZEIT: 2 STUNDEN
HALTBARKEIT: 2 TAGE IM KÜHLSCHRANK

1 Silikonform mit 12 Vertiefungen

### FRISCHE ZUTATEN

65 g Butter
2 mittelgroße Eier
250 ml Vollmilch (Zimmertemperatur)

### EINLAGE

300 g frische Erdbeeren

### AUS DEM VORRATSSCHRANK

120 g getrocknete Erdbeeren
70 g + 10 g Zucker
53 g Mehl

## 1 VORBEREITUNGEN

Den Ofen auf 160 Grad vorheizen. 6 getrocknete Erdbeeren beiseitelegen, die anderen grob mit dem Messer hacken und auf die Formen verteilen. Die Butter schmelzen und beiseitestellen. Eiweiß und Eigelb trennen.

## 2 DER TEIG

Das Eigelb mit den 70 Gramm Zucker schaumig schlagen. Die geschmolzene Butter zugeben, das Mehl in zwei Portionen und danach die Milch unterrühren. Das Eiweiß schlagen und unter die Mischung heben. Der Teig soll flüssig sein und das Eiweiß oben schwimmen. Mit einer Schöpfkelle auf den getrockneten Erdbeeren verteilen. Dabei darauf achten, dass sich in jeder Form sowohl Flüssigkeit als auch Eischnee befinden.

## 3 BACKEN

25 Minuten backen. Die Oberfläche soll leicht goldbraun sein. Aus dem Ofen nehmen und 1 Stunde bei Zimmertemperatur abkühlen lassen, dann 2 Stunden in den Kühlschrank stellen.

## 4 ANRICHTEN

Die frischen Erdbeeren mit den 10 Gramm Zucker pürieren. Die Mini-Zauberkuchen vorsichtig aus den Formen lösen. Jeweils mit einer halben getrockneten Erdbeere garnieren und mit der Erdbeersoße servieren.

### SCHICKER TRICK

Wenn Sie getrocknete Erdbeeren übrig haben, servieren Sie sie zum Aperitif in Champagner.

# MINI-ZAUBERKUCHEN MIT MARACUJA

einfach · günstig · Länderküche

FÜR 12 MINI-ZAUBERKUCHEN
VORBEREITUNG: 15 MIN
BACKZEIT: 25 MIN
RUHEZEIT: 1 STUNDE
KÜHLZEIT: 1 STUNDE
HALTBARKEIT: 2 TAGE IM KÜHLSCHRANK

1 Silikonform mit 12 Vertiefungen

**FRISCHE ZUTATEN**

4 mittelgroße Eier
20 g + 65 g Butter
250 ml Vollmilchg

**EINLAGE**

9 Maracujas (200 ml Saft)

**AUS DEM VORRATSSCHRANK**

1 Vanilleschote
2 g Gelatine
20 g + 70 g Zucker
53 g Mehl

## 1 VORBEREITUNGEN

Den Ofen auf 160 Grad vorheizen. Die Vanilleschote einschneiden und mit der Messerspitze das Mark herauskratzen. Die Maracujas aufschneiden und die Kerne herauslösen, den Saft durch ein Sieb streichen. Mit einem großen Löffel ins Sieb drücken, um den ganzen Saft herauszupressen. Die Kerne wegwerfen. Die Gelatine in einer Schüssel mit kaltem Wasser einweichen.

## 2 DER TEIG

Für die Maracujacreme 2 der Eier in einer Schüssel aufschlagen. 100 ml des Maracujasafts bei mittlerer Hitze mit 20 g Zucker erhitzen. Vom Herd nehmen und die Eier dazugeben, dabei mit dem Schneebesen weiter schlagen. Unter ständigem Rühren und bei geringer Hitze aufkochen, die Gelatine und die 20 g Butter in Stücken zugeben. Rühren, bis sich alles aufgelöst hat. Kühl stellen.

Zubereitung der Mini-Zauberkuchen: Die 65 g Butter schmelzen und beiseitestellen. Die Milch erwärmen und das Vanillemark und die Schote ein paar Minuten darin ziehen lassen, dann die Schote herausnehmen. Die restlichen 2 Eigelb mit den 70 g Zucker schaumig schlagen. Die geschmolzene Butter zugeben, die restlichen 100 ml des Maracujasafts, das Mehl auf zweimal und danach die Milch unterrühren. Die restlichen 2 Eiweiß schlagen und unterheben. Der Teig soll flüssig sein und das Eiweiß oben schwimmen. Den Teig mit der Schöpfkelle in die Formen füllen. Darauf achten, dass in jeder Form sowohl Flüssigkeit als auch Eischnee sind.

## 3 BACKEN

25 Minuten backen. Die Oberfläche soll leicht goldbraun sein. Aus dem Ofen nehmen und 1 Stunde bei Zimmertemperatur abkühlen lassen, dann 1 Stunde in den Kühlschrank stellen.

## 4 ANRICHTEN

Die Kuchen vorsichtig aus der Form lösen. Die Maracujacreme aufschlagen, und in einen Spritzbeutel füllen. Die Mini-Zauberkuchen mit der Creme verzieren und ein paar Tropfen Maracujasaft darüber träufeln.

# MINI-ZAUBERKUCHEN "BABA AU RHUM"

einfach · günstig · Länderküche

FÜR 12 MINI-ZAUBERKUCHEN
VORBEREITUNG: 15 MIN
BACKZEIT: 28 MIN
RUHEZEIT: 1 STUNDE
KÜHLZEIT: 2 STUNDEN
HALTBARKEIT: 2 TAGE IM KÜHLSCHRANK

12 Muffinformen
12 Pipetten für den Rum

### FRISCHE ZUTATEN

65 g Butter
250 ml Vollmilch
2 mittelgroße Eier
140 g Sahne

### EINLAGE

280 g frische Ananas

### AUS DEM VORRATSSCHRANK

2 Vanilleschoten
70 g Zucker
53 g Mehl
15 g Puderzucker
150 ml Rum

## 1 VORBEREITUNGEN

Den Ofen auf 160 Grad vorheizen. Die Vanilleschoten der Länge nach aufschneiden und mit der Messerspitze das Mark herauskratzen. Die Ananas schälen, das Fruchtfleisch wiegen und 150 Gramm davon in kleine Würfel schneiden. So viel Saft wie möglich mit einem Küchentuch ausdrücken. Die Butter schmelzen und abkühlen lassen. Die Milch in einem Topf erwärmen, die Hälfte des Vanillemarks und die Vanilleschoten einige Minuten darin ziehen lassen, anschließend die Vanilleschoten herausnehmen. Eiweiß und Eigelb trennen.

## 2 DER TEIG

Das Eigelb mit dem Zucker schaumig schlagen. Die geschmolzene Butter zugeben, dann das Mehl und die Vanillemilch in zwei Portionen zugeben und unterrühren. Das Eiweiß steif schlagen und unter die Mischung heben. Der Teig soll flüssig sein und das Eiweiß oben schwimmen. Die Ananaswürfel auf die Formen verteilen. Den Teig mit der Schöpfkelle in die Formen füllen. Dabei darauf achten, dass sich in jeder Form sowohl Flüssigkeit als auch Eischnee befinden.

## 3 BACKEN

28 Minuten backen. Die Oberfläche soll leicht goldbraun und das Innere noch leicht wacklig sein. 1 Stunde bei Zimmertemperatur abkühlen lassen, dann noch 2 Stunden in den Kühlschrank stellen.

## 4 ANRICHTEN

Vor dem Servieren die Sahne steif schlagen, den Puderzucker und das restliche Vanillemark unterheben und in einen Spritzbeutel füllen. Die Mini-Zauberkuchen jeweils mit der Sahne und einem Stück Ananas garnieren. Anschließend jeweils eine mit Rum gefüllte Pipette hineinstecken: Jeder Gast kann seinen Kuchen so selbst beträufeln.

### IM NOTFALL

Dieses Rezept funktioniert auch mit Dosenananas, dann aber natürlich ohne den Saft.

# MINI-ZAUBERKUCHEN "CRUMBLE"

einfach — günstig — Länderküche

FÜR 12 MINI-ZAUBERKUCHEN
VORBEREITUNG: 15 MIN
BACKZEIT: 28 MIN
HALTBARKEIT: 2 TAGE IM KÜHLSCHRANK

12 Muffinformen

### FRISCHE ZUTATEN

65 g Butter + 60 g für die Streusel

2 mittelgroße Eier

250 ml Milch (Zimmertemperatur)

### BELAG

2 Äpfel (am besten Golden Delicious)

### AUS DEM VORRATSSCHRANK

70 g Zucker + 60 g für die Streusel

53 g Mehl + 60 g für die Streusel

## 1 VORBEREITUNGEN

Den Ofen auf 160 Grad vorheizen. Die Äpfel schälen, vom Kerngehäuse befreien und in kleine Würfel schneiden. Die 65 Gramm Butter schmelzen und abkühlen lassen.

## 2 DER TEIG

Für die Streusel: In der Schüssel einer Rührmaschine die 60 Gramm Butter, die 60 Gramm Zucker und die 60 Gramm Mehl vermischen, bis sich eine krümelige Konsistenz ergibt. Anschließend kühl stellen.

Für den Teig: Eiweiß und Eigelb trennen, das Eigelb mit den 70 Gramm Zucker schaumig schlagen. Die geschmolzene Butter zugeben, die 53 Gramm Mehl auf zweimal und danach die Milch unterrühren. Das Eiweiß schlagen und unter die Mischung heben. Der Teig soll flüssig sein und das Eiweiß oben schwimmen. Die Apfelwürfel auf die Formen verteilen. Den Teig mit der Schöpfkelle in die Formen füllen. Dabei darauf achten, dass sich in jeder Form sowohl Flüssigkeit als auch Eischnee befinden. Anschließend mit den Streuseln bedecken.

## 3 BACKEN

28 Minuten backen. Bei Zimmertemperatur abkühlen lassen.

### SCHMECKT LAUWARM NOCH BESSER!

Diese Mini-Zauberkuchen schmecken lauwarm am besten. Wenn sie kalt sind, kann man sie 10 Sekunden in der Mikrowelle aufwärmen.

# MINI-ZAUBERKUCHEN MOJITO

einfach   günstig   Party

FÜR 12 MINI-ZAUBERKUCHEN
VORBEREITUNG : 20 MIN
BACKZEIT: 25 MIN
RUHEZEIT: 1 STUNDE
KÜHLZEIT: 2 STUNDEN
HALTBARKEIT: 2 TAGE IM KÜHLSCHRANK

1 Silikonform mit 12 Vertiefungen

### FRISCHE ZUTATEN

65 g Butter
250 ml Vollmilch
2 mittelgroße Eier
150 g Sahne

### EINLAGE

2 Bio-Limetten (2x Schale, 1x Saft)
12 Blätter Minze

### AUS DEM VORRATSSCHRANK

1 Vanilleschote
70 g Zucker
2 EL Rum
53 g Mehl
15 g Puderzucker

## 1 VORBEREITUNGEN

Den Ofen auf 160 Grad vorheizen. Die Vanilleschote einschneiden und mit der Messerspitze das Mark herauskratzen. 1 Limette waschen und von der Schale Zesten reißen. Den Saft auspressen und beiseitestellen. Die Butter schmelzen und abkühlen lassen. Die Milch erwärmen und das Vanillemark und die Schote ein paar Minuten darin ziehen lassen, dann die Schote herausnehmen. Eiweiß und Eigelb trennen.

## 2 DER TEIG

Das Eigelb mit dem Zucker schaumig schlagen. Die geschmolzene Butter zugeben, den Rum, die Limettenzesten, dann das Mehl in zwei Portionen und danach die lauwarme Milch unterrühren. Das Eiweiß schlagen und unter die Mischung heben. Der Teig soll flüssig sein und das Eiweiß oben schwimmen. Den Teig mit der Schöpfkelle in die Formen füllen. Dabei darauf achten, dass sich in jeder Form sowohl Flüssigkeit als auch Eischnee befinden.

## 3 BACKEN

25 Minuten backen. Die Oberfläche der Kuchen soll goldbraun sein und das Innere noch leicht wacklig. 1 Stunde bei Zimmertemperatur abkühlen lassen, dann für 2 Stunden in den Kühlschrank stellen.

## 4 ANRICHTEN

Die Sahne steif schlagen, Puderzucker und den Saft einer Limette unterheben. In einen Spritzbeutel füllen. Die Kuchen jeweils mit der Sahne, ein wenig geriebener Limettenschale (von der zweiten Limette) und je einem Minzblatt verzieren.

### WAS TUN MIT DER RESTLICHEN MINZE?

Einen Mojito mixen! Weißer Rum, Zucker, Minzblätter, Limette und ein bisschen Mineralwasser: Diese Mini-Zauberkuchen entwickeln dieselben Aromen wie der Cocktail.

# MINI-ZAUBERKUCHEN FÜR DEN VALENTINSTAG

einfach günstig

FÜR 12 MINI-ZAUBERKUCHEN
VORBEREITUNG: 10 MIN
BACKZEIT: 25 MIN
RUHEZEIT: 1 STUNDE
KÜHLZEIT: 2 STUNDEN
HALTBARKEIT: 2 TAGE IM KÜHLSCHRANK

1 Silikonform mit 12 Vertiefungen

### FRISCHE ZUTATEN

65 g Butter
250 ml Vollmilch
2 mittelgroße Eier

### AUS DEM VORRATSSCHRANK

140 g Pralinés roses (s.u.)
60 g Zucker
53 g Mehl

## 1 VORBEREITUNGEN

Den Ofen auf 160 Grad vorheizen. Für die Deko 20 Gramm der Pralinés roses beiseitelegen. Die Butter schmelzen und beiseitestellen. Die Milch mit dem Rest der Pralinés roses erwärmen. Eiweiß und Eigelb trennen.

## 2 DER TEIG

Das Eigelb mit dem Zucker schaumig schlagen. Die geschmolzene Butter zugeben, das Mehl in zwei Portionen, dann die Milch unterrühren. Das Eiweiß schlagen und unter die Mischung heben. Der Teig soll flüssig sein und das Eiweiß oben schwimmen. Den Teig mit der Schöpfkelle in die Formen füllen. Dabei darauf achten, dass sich in jeder Form sowohl Flüssigkeit als auch Eischnee und Pralinés roses befinden, die am Boden liegen. Jeweils mit einigen der beiseitegelegten Pralinés belegen.

## 3 BACKEN

25 Minuten backen. Die Oberfläche der Kuchen soll leicht goldbraun sein. Aus dem Ofen nehmen und 1 Stunde bei Zimmertemperatur abkühlen lassen, dann für 2 Stunden in den Kühlschrank stellen. Vorsichtig aus der Form lösen und servieren.

### TIPP:

Pralinés roses sind gebrannte Mandeln, bei denen dem Zucker ein paar Tropfen rote Lebensmittelfarbe beigegeben werden. Man kann sie bei uns über das Internet bestellen oder die Küchlein mit einfachen gebrannten Mandeln herstellen und für die rosa Farbe ein wenig Lebensmittelfarbe in den Teig geben. (Pralinés roses selbst herstellen: S. 64)

# MINI-ZAUBERKUCHEN FÜR DEN MUTTERTAG

einfach günstig Party

FÜR 12 MINI-ZAUBERKUCHEN
VORBEREITUNG: 10 MIN
BACKZEIT: 30 MIN
RUHEZEIT: 1 STUNDE
KÜHLZEIT: 2 STUNDEN
HALTBARKEIT: 2 TAGE IM KÜHLSCHRANK

1 Silikonform mit 12 Vertiefungen

### FRISCHE ZUTATEN

65 g + 100 g Butter
2 mittelgroße Eier + 1 Eiweiß
250 ml Vollmilch

### EINLAGE

125 g Himbeeren

### AUS DEM VORRATSSCHRANK

70 g Zucker
1 EL Rosenwasser
Ein paar Tropfen rosa Lebensmittelfarbe
53 g Mehl
40 g Puderzucker

## 1 VORBEREITUNGEN

Den Ofen auf 160 Grad vorheizen. Die Himbeeren auf die Formen verteilen. Die 65 Gramm Butter schmelzen und beiseitestellen. Eiweiß und Eigelb trennen.

## 2 DER TEIG

Das Eigelb mit dem Zucker schaumig schlagen. Die geschmolzene Butter zugeben, das Rosenwasser, ein paar Tropfen Farbstoff, dann das Mehl in zwei Portionen und danach die Milch unterrühren. Die 2 Eiweiß schlagen und unter die Mischung heben. Der Teig soll flüssig sein und das Eiweiß oben schwimmen. Den Teig mit der Schöpfkelle in die Formen füllen. Dabei darauf achten, dass sich in jeder Form sowohl Flüssigkeit als auch Eischnee befinden.

## 3 BACKEN

30 Minuten backen. Die Oberfläche der Kuchen soll leicht goldbraun sein. Aus dem Ofen nehmen und 1 Stunde bei Zimmertemperatur abkühlen lassen, dann für 2 Stunden in den Kühlschrank stellen.

## 4 ANRICHTEN

Die Kuchen vorsichtig aus der Form lösen. Zubereitung der Buttercreme: Das restliche Eiweiß steif schlagen, die Hälfte des Puderzuckers zugeben, weiterschlagen. Wenn sich das Volumen des Eischnees verdoppelt hat, den restlichen Zucker zugeben. Wenn der Eischnee Spitzen bildet, aufhören zu schlagen. In einer Rührschüssel die 100 Gramm Butter mit dem Handrührgerät weich rühren, dann nach und nach den Eischnee unterheben. Das Ganze aufschlagen, bis eine glatte Buttercreme entsteht. Falls Flüssigkeit austritt, diese abgießen. Einige Tropfen rosa Farbstoff zugeben. Die Buttercreme in einen Spritzbeutel mit geriffelter Tülle füllen und die Mini-Zauberkuchen verzieren.

### FÜR NASCHKATZEN-MÜTTER

Die Buttercreme durch Himbeersoße ersetzen.

# MINI-ZAUBERKUCHEN FÜR OSTERN

einfach günstig Party

FÜR 12 MINI-ZAUBERKUCHEN
VORBEREITUNG: 10 MIN
BACKZEIT: 25 MIN
RUHEZEIT: 1 STUNDE
KÜHLZEIT: 1 STUNDE
HALTBARKEIT: 2 TAGE IM KÜHLSCHRANK

1 Silikonform mit 12 Vertiefungen

### FRISCHE ZUTATEN

250 ml Vollmilch
65 g Butter
2 mittelgroße Eier
150 g Sahne

### AUS DEM VORRATSSCHRANK

2 Teebeutel Earl Grey
70 g Zucker
50 g Kakaopulver
53 g Mehl
150 g gehackte weiße Schokolade
12 Schoko-Ostereier

## 1 VORBEREITUNGEN

Den Ofen auf 160 Grad vorheizen. Die Milch erwärmen und die Teebeutel 3-4 Minuten darin ziehen lassen, anschließend herausnehmen. Die Butter schmelzen. Eiweiß und Eigelb trennen.

## 2 DER TEIG

Das Eigelb mit dem Zucker schaumig schlagen. Die geschmolzene Butter zugeben, das Kakaopulver, dann das Mehl in zwei Portionen und danach die Milch unterrühren. Das Eiweiß schlagen und unter die Mischung heben. Der Teig soll flüssig sein und das Eiweiß oben schwimmen. Den Teig mit der Schöpfkelle in die Formen füllen. Dabei darauf achten, dass sich in jeder Form sowohl Flüssigkeit als auch Eischnee befinden.

## 3 BACKEN

25 Minuten backen. Die Oberfläche der Kuchen soll leicht goldbraun sein. Aus dem Ofen nehmen und 1 Stunde bei Zimmertemperatur abkühlen lassen, dann für 1 Stunde in den Kühlschrank stellen.

## 4 ANRICHTEN

Zubereitung der Ganache: Die Sahne aufkochen, die weiße Schokolade hineingeben und mit einem Schneebesen verrühren. Im Kühlschrank vollständig abkühlen lassen und danach mit dem Handrührgerät aufschlagen. Die Ganache in einen Spritzbeutel mit geriffelter Tülle füllen und die Mini-Zauberkuchen verzieren. Dann je ein Schoko-Ei auf die Ganache setzen. Kühl aufbewahren.

### FUNKTIONIERT AUCH MIT ANDEREN GESCHMACKSRICHTUNGEN

Auch andere Tees, die mit Zitrusfrüchten, Gewürzen oder Jasmin parfümiert sind, passen sehr gut zur Schokolade.

# MINI-ZAUBERKUCHEN FÜR HALLOWEEN

einfach | günstig | Party

FÜR 12 MINI-ZAUBERKUCHEN
VORBEREITUNG: 10 MIN
BACKZEIT: 25 MIN
RUHEZEIT: 1 STUNDE
KÜHLZEIT: 1 STUNDE
HALTBARKEIT: 2 TAGE IM KÜHLSCHRANK

1 Silikonform mit 12 Vertiefungen

### FRISCHE ZUTATEN

65 g Butter

250 ml Vollmilch

2 mittelgroße Eier

### AUS DEM VORRATSSCHRANK

70 g Zucker

53 g Mehl

15 g Maisstärke

300 g weißer Fondant

Schwarzer Lebensmittelfarbstift

### BIO-PRODUKT

40 g schwarze Sesampaste

## 1 VORBEREITUNGEN

Den Ofen auf 160 Grad vorheizen. Die Butter schmelzen und beiseitestellen. Die Milch leicht erwärmen. Eiweiß und Eigelb trennen.

## 2 DER TEIG

Das Eigelb mit dem Zucker schaumig schlagen. Die geschmolzene Butter zugeben, die Sesampaste, dann das Mehl in zwei Portionen und danach die Milch unterrühren. Das Eiweiß schlagen und unter die Mischung heben. Der Teig soll flüssig sein und das Eiweiß oben schwimmen. Den Teig mit der Schöpfkelle in die Formen füllen. Dabei darauf achten, dass sich in jeder Form sowohl Flüssigkeit als auch Eischnee befinden.

## 3 BACKEN

25 Minuten backen. Die Oberfläche der Kuchen soll leicht goldbraun sein. Aus dem Ofen nehmen und 1 Stunde bei Zimmertemperatur abkühlen lassen, dann für 1 Stunde in den Kühlschrank stellen.

## 4 ANRICHTEN

Vorsichtig aus der Form lösen. Die Arbeitsplatte mit Maisstärke bestäuben, den Fondant auf 2 mm Dicke ausrollen. Mit einer runden Ausstechform von ca. 2 cm Durchmesser Kreise aus dem Fondant stechen. Vorsichtig auf die Mini-Zauberkuchen legen. Mit dem schwarzen Stift Augen und Mund aufmalen.

### KEINEN FONDANT ZUR HAND?

Man kann ihn auch durch weiße Marzipanmasse ersetzen.

# MINI-ZAUBERKUCHEN MIT NUSS UND MANDELKERN

einfach | günstig | Party

FÜR 12 MINI-ZAUBERKUCHEN
VORBEREITUNG: 10 MIN
BACKZEIT: 25 MIN
RUHEZEIT: 1 STUNDE
KÜHLZEIT: 1 STUNDE
HALTBARKEIT: 2 TAGE IM KÜHLSCHRANK

1 Silikonform mit 12 Vertiefungen

### FRISCHE ZUTATEN

65 g Butter
2 mittelgroße Eier
250 ml Vollmilch

### AUS DEM VORRATSSCHRANK

30 g Orangetten
30 g ganze blanchierte Mandeln
30 g Pinienkerne
30 g ganze Nüsse
30 g Walnusskerne
2 TL Lebkuchen-Gewürzmischung
70 g Zucker
53 g Mehl
20 g Honig (am besten Waldhonig)

## 1 VORBEREITUNGEN

Den Ofen auf 160 Grad vorheizen. Die Orangetten in Würfel schneiden und in einem Gefäß mit den Nüssen mischen. Beiseitestellen. Die Butter schmelzen und ebenfalls beiseitestellen. Eiweiß und Eigelb trennen.

## 2 DER TEIG

Das Eigelb mit dem Zucker schaumig schlagen. Die geschmolzene Butter zugeben, die Gewürzmischung, dann das Mehl in zwei Portionen und danach die Milch unterrühren. Das Eiweiß schlagen und unter die Mischung heben. Der Teig soll flüssig sein und das Eiweiß oben schwimmen. Den Teig mit der Schöpfkelle in die Formen füllen. Dabei darauf achten, dass sich in jeder Form sowohl Flüssigkeit als auch Eischnee befinden.

## 3 BACKEN

25 Minuten backen. Die Oberfläche der Kuchen soll leicht goldbraun sein. Aus dem Ofen nehmen und 1 Stunde bei Zimmertemperatur abkühlen lassen, dann für 1 Stunde in den Kühlschrank stellen.

## 4 ANRICHTEN

Den Honig in der Mikrowelle erwärmen und unter die Nussmischung rühren. Die Mini-Zauberkuchen vorsichtig aus der Form lösen. Jeweils mit 1 Löffel Nuss-Honig-Mischung belegen.

### ORANGETTEN?

Orangetten sind Stäbchen aus kandierter Orangenschale, die in Bitterschokolade getaucht sind. (Orangetten selbst herstellen: S. 64)

# MINI-ZAUBERKUCHEN SCHWARZWÄLDER KIRSCH

einfach günstig Party

FÜR 12 MINI-ZAUBERKUCHEN
VORBEREITUNG: 10 MIN
BACKZEIT: 25 MIN
RUHEZEIT: 1 STUNDE
KÜHLZEIT: 1 STUNDE
HALTBARKEIT: 2 TAGE IM KÜHLSCHRANK

1 Silikonform mit 12 Vertiefungen

### FRISCHE ZUTATEN

65 g Butter

2 mittelgroße Eier

250 ml Vollmilch (Zimmertemperatur)

150 g Sahne

### EINLAGE

12 frische Kirschen

### AUS DEM VORRATSSCHRANK

70 g Zucker

50 g Kakaopulver

53 g Mehl

40 g geraspelte dunkle Schokolade

## 1 VORBEREITUNGEN

Den Ofen auf 160 Grad vorheizen. Die Butter schmelzen und beiseitestellen. Eiweiß und Eigelb trennen.

## 2 DER TEIG

Das Eigelb mit dem Zucker schaumig schlagen. Die geschmolzene Butter zugeben, das Kakaopulver, dann das Mehl in zwei Portionen und danach die Milch unterrühren. Das Eiweiß schlagen und unter die Mischung heben. Der Teig soll flüssig sein und das Eiweiß oben schwimmen. Den Teig mit der Schöpfkelle in die Formen füllen. Dabei darauf achten, dass sich in jeder Form sowohl Flüssigkeit als auch Eischnee befinden.

## 3 BACKEN

25 Minuten backen. Die Oberfläche der Kuchen soll leicht goldbraun sein. Aus dem Ofen nehmen und 1 Stunde bei Zimmertemperatur abkühlen lassen, dann für 1 Stunde in den Kühlschrank stellen.

## 4 ANRICHTEN

Mit einem Messer mit glatter Schneide die Schokolade hobeln. Die Sahne steif schlagen und mit der Hälfte der Schokoraspel mischen. In einen Spritzbeutel mit glatter Tülle füllen und die Mini-Zauberkuchen mit der Schokosahne verzieren. Die restlichen Schokoraspel darüberstreuen und jeweils mit einer Kirsche garnieren.

**TIPP:**
Die Schokolade und den Spritzbeutel mit der Sahne vorher vorbereiten und bis kurz vor dem Servieren im Kühlschrank aufbewahren.

# MINI-ZAUBERKUCHEN FÜR WEIHNACHTEN

schwierig | mittel | Party

FÜR 12 MINI-ZAUBERKUCHEN
PRÉPARATION : 10 MIN
BACKZEIT: 25 MIN
RUHEZEIT: 1 STUNDE
KÜHLZEIT: 2 STUNDEN
HALTBARKEIT: 2 TAGE IM KÜHLSCHRANK

1 Silikonform mit 12 Vertiefungen

### FRISCHE ZUTATEN

65 g Butter
250 ml Vollmilch
2 mittelgroße Eier

### AUS DEM VORRATSSCHRANK

120 g Cranberries, getrocknet
70 g Zucker
53 g Mehl
20 g Maisstärke
100 g weiße Fondantmasse
100 g rote Fondantmasse
Weihnachtliche Dekoration nach Lust und Laune

## 1 VORBEREITUNGEN

Den Ofen auf 160 Grad vorheizen. Die Cranberries grob mit dem Messer hacken. Die Butter schmelzen und beiseitestellen.

## 2 DER TEIG

Die Milch mit den Cranberries erwärmen. Eiweiß und Eigelb trennen. Das Eigelb mit dem Zucker schaumig schlagen. Die geschmolzene Butter zugeben, dann das Mehl in zwei Portionen und die Milch mit den Cranberries unterrühren. Das Eiweiß schlagen und unter die Mischung heben. Der Teig soll flüssig sein und das Eiweiß oben schwimmen. Den Teig mit der Schöpfkelle in die Formen füllen. Dabei darauf achten, dass sich in jeder Form sowohl Flüssigkeit als auch Eischnee und auf dem Boden der Formen Cranberries befinden.

## 3 BACKEN

25 Minuten backen. Die Oberfläche der Kuchen soll leicht goldbraun sein. Aus dem Ofen nehmen und 1 Stunde bei Zimmertemperatur abkühlen lassen, dann für 2 Stunden in den Kühlschrank stellen.

## 4 ANRICHTEN

Die Kuchen vorsichtig aus der Form lösen. Die Arbeitsplatte mit der Maisstärke bestäuben. Die rote Fondantmasse mit dem Nudelholz auf 2 mm Dicke ausrollen. Mit einer Ausstechform von 2 cm Durchmesser einen ersten Fondantkreis ausstechen. Noch einmal mit dem Nudelholz darübergehen, damit er ganz glatt wird. Den Kreis vorsichtig auf einen Mini-Zauberkuchen legen. 5 Kuchen mit der roten und danach auf dieselbe Art 6 Kuchen mit der weißen Fondantmasse belegen. Alle Mini-Zauberkuchen dann nach Geschmack weihnachtlich verzieren. Bis zum Servieren an einem kühlen und trockenen Ort aufbewahren.

### FONDANT

Die mit Fondant belegten Kuchen nicht in den Kühlschrank stellen: Dort würden sie zu feucht, und der Fondant würde zerfließen. Wenn vom Fondant etwas übrig bleibt: Sterne ausstechen und auf die kontrastfarbenen Fondantkreise legen.

Das Rezept von unserem Lieblingsblog

Chic, Chic, Chocolat

# MINI-ZAUBERKUCHEN MIT BERGAMOTTE UND THYMIAN

FÜR 12 MINI-ZAUBERKUCHEN

VORBEREITUNG: 20 MIN

BACKZEIT: 25 MIN

KÜHLZEIT: 3 STUNDEN

HALTBARKEIT: 3 TAGE IM KÜHLSCHRANK

### FRISCHE ZUTATEN

375 g Vollmilch

90 g Butter

3 Eier

### EINLAGE

3 + 1 Bio-Bergamotte

2 Zweige frischer Thymian

### AUS DEM VORRATSSCHRANK

500 + 100 g Zucker

2 EL Bergamottesirup

85 g Mehl

1 Prise Salz

Puderzucker zum Bestäuben

## 1 SELBST BERGAMOTTE-SIRUP HERSTELLEN

Zesten von 3 Bergamotten schneiden. Mit 250 ml kochendem Wasser übergießen und mehrere Stunden ziehen lassen. Das Ganze dann mit den 500 Gramm Zucker in einen Topf geben und 3 Minuten kochen lassen. Den Bergamotte-Saft auspressen und hinzufügen. Den Topf vom Herd nehmen, sobald der Sirup anfängt zu kochen. Anschließend abkühlen lassen.

## 2 VORBEREITUNGEN

Die Schale der letzten Bergamotte fein abreiben. Die Thymianblättchen abzupfen. Die Milch mit den Zesten und dem Thymian erwärmen, ziehen lassen. Die Butter schmelzen. Eiweiß und Eigelb trennen. Den Ofen auf 160 Grad vorheizen.

## 3 DER TEIG

Das Eigelb mit den 100 Gramm Zucker und dem Bergamotte-Sirup schaumig schlagen. Die lauwarme Butter zugeben, aufschlagen. Das Mehl über die Mischung sieben. Das Salz zugeben und weiterschlagen. Nach und nach unter Rühren die Milch zugeben. Das Eiweiß mit ein paar Tropfen Bergamotte-Saft steif schlagen. 1 Esslöffel des Eischnee mit der Mischung verquirlen. Den Rest hinzugeben und vorsichtig unterheben.

## 4 BACKEN

Die Mischung auf 12 Minicake-Formen aus Silikon verteilen. 25 Minuten backen. Anschließend abkühlen lassen und für 3 Stunden in den Kühlschrank stellen.

## 5 ANRICHTEN

Aus den Formen lösen. Mit Puderzucker bestäuben und mit einer Nocke Himbeersorbet servieren.

# VOM BLOG INS BUCH

● Zauberkuchen sind gerade überall beliebt. Die Grundidee stammt aus Rumänien, dort heißt der Kuchen *Prajitura desteapta*, „schlauer Kuchen". Eine spanische Bloggerin, Mabel Méndez, nahm die Idee auf und taufte den Kuchen *tarta magica*.

● Zu Gast in diesem Buch: Unsere Lieblingsbloggerin Carine Couriol mit ihrem Blog *chic, chic, chocolat*. chichichoc.blogspot.fr Carine liebt die Küche und besonders die Süßspeisen, sie ist immer auf der Suche nach neuen Rezepten, die sie für ihre Fotos in Szene setzt und auf ihrem Blog teilt. Sie lebt mit ihrer Familie in einem kleinen Dorf in der französischen Auvergne.

## MASSEINHEITEN

**1 ESSLÖFFEL =**

15 g Zucker, Mehl oder Butter

12 g Crème fraîche

15 ml Öl

3 TL Flüssigkeit

**1 TEELÖFFEL =**

5 g Salz, Öl, Zucker, Mehl

7 g Butter

5 ml Flüssigkeit

**1 STICH BUTTER =** 4 g

**1 PRISE SALZ =** 3 à 5 g

**1 STÜCK WÜRFELZUCKER =** 5 g

**OFENTEMPERATUREN**

Th. 3 = 90 °C

Th. 4 = 120 °C

Th. 5 = 150 °C

Th. 6 = 180 °C

Th. 7 = 210 °C

Th. 8 = 240 °C

# TIPPS UND TRICKS

- Weil die Rezepte in diesem Buch aus Frankreich kommen, gibt es einige spezielle Zutaten, die in Deutschland nicht ganz leicht zu bekommen sind. Meist ist im Rezept eine deutsche Entsprechung für die französische Zutat angegeben.

- Wer es ganz authentisch mag, kann natürlich bei unseren Nachbarn in Frankreich einkaufen gehen, oder aber er schaut sich im Internet um. Einige Versender haben sich auf französische Feinkost spezialisiert, z. B.:

https://www.aureliebastian.de (Pralinés roses, Carambar, Maronencreme)

https://www.mescoursesenfrance.com (Chocolat pralinoise als dunkler Nougat, dunkle Rochers)

## PRALINÉS ROSES

Wer keine Pralinés roses bekommt, kann sie auch selbst herstellen : Für 300 g Mandeln 200 g Zucker mit 50 ml Wasser und einigen Tropfen roter Lebensmittelfarbe verrühren und sprudelnd aufkochen lassen. Dann die Mandeln hineinschütten und rühren. Die Mandeln verklumpen zunächst, dann zerfällt der Klumpen wieder und der Zucker wird sandig. Weiterrühren, bis die Mandeln leicht karamellig duften und bräunlich werden. Die Zuckermandeln auf einem Backpapier abkühlen lassen. Wenn zu viele Zuckerreste entstanden sind, diese mit etwas Wasser noch einmal auflösen und aufkochen, dann vom Feuer nehmen und die Zuckermandeln unter Rühren wieder hineingeben, so dass sie mit einer zweiten Schicht überzogen werden. Noch einmal erhitzen, bis es nach Karamell riecht, dann abkühlen lassen.

## ORANGETTEN

Für etwa 500 g Orangetten : Drei große, unbehandelte Orangen (am besten bio), 250 g Zucker, 500 ml Wasser, 400–500 g Kuvertüre (64–70 %)

Die Orangenschalen in Achteln ablösen und zweimal jeweils fünf Minuten in frischem Wasser kochen, um die Bitterstoffe aus der Schale zu entfernen. Die Schalen abgießen, abtropfen und abkühlen lassen, dann in nicht zu schmale Streifen schneiden.

Das Wasser mit dem Zucker zum Kochen bringen, die Orangenschalen hineingeben und 5 Minuten sprudelnd kochen lassen, dann im Sirup abkühlen lassen. Noch zweimal jeweils 5 Minuten aufkochen und wieder abkühlen lassen. Die kandierten Orangenstreifen aus dem Sirup holen, über Nacht auf einem Gitter trocknen lassen.

Am nächsten Tag die Kuvertüre über einem Wasserbad schmelzen, die Orangenstreifen mit einer Gabel hineintauchen und kurz abtropfen lassen. Auf einem Backpapier trocknen lassen.

**VERLAGSGRUPPE PATMOS**

PATMOS
ESCHBACH
GRÜNEWALD
THORBECKE
SCHWABEN

Die Verlagsgruppe
mit Sinn für das Leben

MIX
Papier aus verantwortungsvollen Quellen
FSC® C043106
FSC www.fsc.org

Für die Schwabenverlag AG ist Nachhaltigkeit ein wichtiger Maßstab ihres Handelns.
Wir achten daher auf den Einsatz umweltschonender Ressourcen und Materialien.

1. Auflage 2017
Aus dem Französischen von Karen Gerwig

www.thorbecke.de

Umschlaggestaltung: Finken und Bumiller, Stuttgart
Photographie: Martin Balme
Foodstyling: Lucie Dauchy
Innengestaltung: Julia Philipps
Satz: Schwabenverlag AG, Ostfildern
Druck: Grafisches Centrum Cuno GmbH & Co. KG, Calbe
Hergestellt in Deutschland
ISBN 978-3-7995-1159-9 (Print)
ISBN 978-3-7995-1189-6 (eBook)